KB189706

하나님
사랑해요

하나님 사랑해요

발행일	2019년 7월 26일		

지은이	곽영애	삽화	박은자
펴낸이	손형국		
펴낸곳	(주)북랩		
편집인	선일영	편집	오경진, 강대건, 최예은, 최승헌, 김경무
디자인	이현수, 김민하, 한수희, 김윤주, 허지혜	제작	박기성, 황동현, 구성우, 장홍석
마케팅	김회란, 박진관, 조하라, 장은별		
출판등록	2004. 12. 1(제2012-000051호)		
주소	서울시 금천구 가산디지털 1로 168, 우림라이온스밸리 B동 B113, 114호		
홈페이지	www.book.co.kr		
전화번호	(02)2026-5777	팩스	(02)2026-5747

ISBN	979-11-6299-803-8 03230 (종이책)	979-11-6299-804-5 05230 (전자책)

잘못된 책은 구입한 곳에서 교환해드립니다.
이 책은 저작권법에 따라 보호받는 저작물이므로 무단 전재와 복제를 금합니다.

이 도서의 국립중앙도서관 출판예정도서목록(CIP)은 서지정보유통지원시스템 홈페이지(http://seoji.nl.go.kr)와
국가자료공동목록시스템(http://www.nl.go.kr/kolisnet)에서 이용하실 수 있습니다.
(CIP제어번호: 2019028535)

(주)북랩 성공출판의 파트너

북랩 홈페이지와 패밀리 사이트에서 다양한 출판 솔루션을 만나 보세요!

홈페이지 book.co.kr • **블로그** blog.naver.com/essaybook • **원고모집** book@book.co.kr

성경 말씀으로 자라는
내 아이의 참 신앙

하나님
사랑해요

곽영애

북랩 book Lab

삶의 깊은 굴곡 속 아골 골짜기를 지날 때마다 마른 뼈가 덜컹거리는 소리를 들었다. 그러나 시린 살 끝에 내려앉는 따사로운 한 줄기 햇살처럼 하나님의 말씀이 늘 앞장서며 길을 만들었다. 거친 물살을 가르며 때로는 낭떠러지 같은 고뇌의 마지막 암벽을 타야 할 것 같은 고통의 순간에도, 말씀은 절묘한 생명처럼 나를 붙들었다.

이렇게 귀중한 하늘의 양식, 생명의 말씀을 이 세상 어린 아가들에게 태중에서부터 쉽고 친근하게 전해주고 싶었다.
성경의 방대함 속에서 핵심 줄기를 농축濃縮하여

그 일부분을, 아이들의 입장에서 질문하고 성경에 근거하여 답을 제시하므로 단조로움과 무거움을 탈피하고자 했다.

하나님께서 창조하신 모든 어린아이들이 하나님을 제일로 사랑하는 믿음의 후손으로 자라나길 바라며, 신앙의 계보가 예수님이 재림하시는 그날까지 튼튼하게 전수되길 소망한다.

많은 역경 속에서도 굳건한 신앙으로 양육해 주신 어머님 서문귀임과 하늘나라에서 기뻐하실 아버님 곽주열에게 뜨거운 사랑을 담아 보낸다.

기도와 재능, 시간, 마음, 물질로 함께 동역해준 램퀴리오 교회, 램퀴리오 상담센타, ㈜램테크놀러지, 박은자 권사님, 곽영이 원장님, 곽영분 원장님, 원은성 소령님, 서은정 선생님, 최수진 선생님, Dr. 원은규, Dr. 신지윤, Sop. 최하늘 외에도 많은 친인척과 지인 여러분들에게 감사드리며 나의 남편

하나님
사랑해요

Pres. 길준잉, 아들 Dr. 길소천, 며느리 Dr. 홍정은에게도 넘치는 감사의 마음을 전한다. 또한 책이 출판되기까지 도움을 주신 ㈜북랩 손형국 대표이사님과 김회란 본부장님, 편집 및 교정으로 땀 흘려주신 강대건 대리님과 모든 임직원 여러분께도 따뜻한 감사를 표한다.

성경의 극히 일부분만을 다루었기에 결여된 부분, 오타 등은 독자 여러분들의 많은 격려와 기도 속에서 더욱 성장된 후속으로 만나길 기도한다.

하나님께 영광 올려드리는 책이 되길 간구하며 이 책을 하나님의 혈통을 이어받은 나의 첫 손녀 길주예에게 헌정한다.

2019년 5월 9일 목요일
첫손녀 길주예의 첫돐을 기념하며
왕십리에서 곽영애 목사

목차

하나님 사랑해요!

01

나는
누구일까요?

았을지어다
그대로 되니라
보시기에 좋았더라-

저는 (성명)라고 해요.

하나님께서는 나를 창조하시고
나로 인하여 매우 기뻐하시지요.

아빠, 엄마, 할머니, 할아버지도
나를 무척 사랑하시며
늘 잔잔한 미소를 지으시지요.

* 하나님이 지으신 그 모든 것을 보시니 보시기에 심히 좋
았더라.

- 창세기 1장 31절 상반절 말씀 -

하나님
사랑해요

02

나는
언제 만들어졌을까요?

하나님께서는 아주 오랜 옛날

창세 전, 태초에

나를 만드셨지요.

하나님
사랑해요

* 태초에 하나님이 천지를 창조하시니라.

- 창세기 1장 1절 말씀 -

03

나는
어떻게 태어났을까요?

영적 부모님이신 하나님께서는
나를 하나님의 모습,
하나님의 마음을 쏙 닮게 만드셨지요.

그리고 하나님께서는 나를 (여자, 남자)로 만드시고

육신의 부모님인 엄마 아빠의 (딸, 아들)로
이 세상에 태어나도록 보내주셨어요.

* 하나님이 자기 형상 곧 하나님의 형상대로 사람을 창조하
 시되 남자와 여자를 창조하시고

- 창세기 1장 27절 말씀 -

하나님
사랑해요

04

나는
아빠 엄마랑
똑같이 생겼어요!

하나님께서는 나를

엄마 아빠의 이쁜 모습이랑

똑같이 만드셨어요.

하나님
사랑해요

＊ 여호와 하나님이 땅의 흙으로 사람을 지으시고 생기를 그 코에 불어넣으시니 사람이 생령이 되니라.

- 창세기 2장 7절 말씀 -

05

나는
어디서
태어났을까요?

하나님께서는 아빠 엄마가 사랑으로 결혼하여,

가족을 이루게 하셨어요.

그리고 엄마 아빠가 살고 있는 집에

나를 사랑으로

태어나게 하셨지요.

* 이러므로 남자가 부모를 떠나 그의 아내와 합하여 둘이 한
  몸을 이룰지로다.

- 창세기 2장 24절 말씀 -

하나님
사랑해요

06

가족은 어떻게
만들어질까요?

하나님께서는
오직 한 명의 남자와
오직 한 명의 여자가
서로 사랑하게 하셨어요.

그래서 단둘이
서로 사랑과 배려로
결혼하게 하셨지요.

하나님
사랑해요

이렇게 단 한 사람인 남자 아빠와

단 한 사람인 여자 엄마가

사랑하여 결혼하므로,

가족인 (성별, 성명)가 태어났어요.

그러므로 여자와 여자, 남자와 남자끼리 결혼하는

동성애는 창조주 하나님을 거스르는 **죄**이지요.

* 이러므로 남자가 부모를 떠나 그의 아내와 합하여 둘이 한
  몸을 이룰지로다.

- 창세기 2장 24절 말씀 -

* 여호와 하나님이 이르시되 사람이 혼자 사는 것이 좋지 아
  니하니 내가 그를 위하여 돕는 배필을 지으리라 하시니라.

- 창세기 2장 18절 말씀 -

하나님
사랑해요

07

행복한 가정은
어떻게 만들어질까요?

먼저는 하나님과 예수님을 최고로 사랑하여 신앙,
믿음이 같은 한 명의 남자와 한 명의 여자가,
하나님의 사랑 안에서 결혼식을 올리므로
행복한 가정이 이루어지지요.

또한 하나님께서 만들어 주신 몸인 육체와
마음인 영•혼을 아주 깨끗하게,
순결하게 지켜야 행복한 가정을 이룰 수 있지요.

그러므로 나와 결혼식을 올린 남편 외에는
그 어떤 사람도 내 몸과 마음을
함부로 만지게 해서는 안 되지요.

하나님
사랑해요

16절: 너희는 너희가 하나님의 성전인 것과 하나님의 성령이
　　　너희 안에 계시는 것을 알지 못하느냐.
17절: 누구든지 하나님의 성전을 더럽히면 하나님이 그 사
　　　람을 멸하시리라 하나님의 성전은 거룩하니 너희도 그
　　　러하니라.

- 고린도전서 3장 16절에서 17절 말씀 -

08

결혼은
꼭 해야 할까요?

하나님께서는 모든 사람에게
달란트, 은사를 주셨어요.

사도바울처럼 결혼하지 않고 독신으로 사는
은사를 받은 사람은,
오직 하나님 아버지의 영광을 위해 일하면서
일평생을 주님께 바치기도 하지요.

그러나 결혼하지 않으므로 음란하거나
순결과 신앙을 지킬 수 없다면,
결혼하여 가정을 이루어 정결함을 지키는
것이 하나님께 영광 올리는 것이지요.

7절: 나는 모든 사람이 나와 같기를 원하노라. 그러나 각각 하나님께 받은 자기의 은사가 있으니 이 사람은 이러하고 저 사람은 저러하니라.

8절: 내가 결혼하지 아니한 자들과 과부들에게 이르노니 나와 같이 그냥 지내는 것이 좋으니라.

9절: 만일 절제할 수 없거든 결혼하라 정욕이 불같이 타는 것보다 결혼하는 것이 나으니라.

- 고린도전서 7장 7절에서 9절 말씀 -

하나님
사랑해요

09

무엇으로 몸과 마음을
깨끗하게
지킬 수 있을까요?

하나님의 말씀과 기도로
나의 몸과 마음을 깨끗하게 지킬 수 있지요.
내가 매일 밥을 먹어야 살 수 있듯이,
하나님의 말씀인 성경을 늘 읽으며 쉬지
말고 기도해야 깨끗하게 살 수 있어요.

또한 내 몸과 마음에는 하나님이 살고 계시기에
몸에 함부로 문신을 하거나
술, 담배, 마약, 성적 타락 등으로
하나님이 거하시는 거룩한 성전인 육체를
학대하면 안 돼요.

하나님
사랑해요

하나님이 만들어주신 나의 몸과 마음을
항상 순결하게 가꾸어, 이 정결한 마음속을
늘 하나님의 말씀과 기도로 가득 넘치게 채워야만
악한 사탄마귀가 들어오지 못하지요.

* 하나님의 말씀과 기도로 거룩하여짐이라.

- 디모데전서 4장 5절 말씀 -

19절: 너희 몸은 너희가 하나님께로부터 받은바 너희 가운데
      계신 성령의 전인 줄을 알지 못하느냐. 너희는 너희 자
      신의 것이 아니라
20절: 값으로 산 것이 되었으니 그런즉 너희 몸으로 하나님
      께 영광을 돌리라.

- 고린도전서 6장 19절에서 20절 말씀 -

하나님
사랑해요

Me too~

하나님 사랑합니다

10

기도는 무엇이며,
어떻게 해야 할까요?

기도는 하나님 아버지와의 대화이며
친밀한 교제로
예수님의 이름으로 하는 것이지요.

하나님께 드리는 기도는 이렇게 하지요.

하나님
사랑해요

9절: 그러므로 너희는 이렇게 기도하라 하늘에 계신 우리 아
     버지여 이름이 거룩히 여김을 받으시오며
10절: 나라가 임하시오며 뜻이 하늘에서 이루어진 것 같이
     땅에서도 이루어지이다.
11절: 오늘 우리에게 일용할 양식을 주시옵고
12절: 우리가 우리에게 죄지은 자를 사하여 준 것 같이 우리
     죄를 사하여 주시옵고
13절: 우리를 (사탄마귀의) 시험에 들게 하지 마시옵고 다만
     악에서 구하시옵소서. 나라와 권세와 영광이 아버지께
     영원히 있사옵나이다. 아멘.

- 마태복음 6장 9절에서 13절 말씀 -

11

무슨 기도를
할까요?

먼저는 하나님께 슬플 때나, 기쁠 때나,
화날 때나, 아플 때도 늘 감사드려요.

그리고 날마다 하나님의 사랑 안에서
내가 이 땅에 태어난 사명을 향해 전진하며,
나를 향하신 하나님의 꿈을 완성하게 해
달라고 예수님 이름으로 기도하지요.

* 하나님 아버지! 기쁠 때나, 슬플 때나, 화날 때나 아플 때도 늘 제 마음속에 함께 계셔 주셔서 감사합니다. 항상 하나님 이 주신 사명을 향해 전진할 수 있도록 준비시켜 주시므로 하나님께 영광 돌리게 해주세요.
예수님 이름으로 기도드립니다. 아멘.

* 너는 기도할 때에 네 골방에 들어가 문을 닫고 은밀한 중에 계신 네 아버지께 기도하라. 은밀한 중에 보시는 네 아버지 께서 갚으시리라.

- 마태복음 6장 6절 말씀 -

하나님
사랑해요

12

예수님은
누구실까요?

예수님은 아버지 하나님의 아들로 100%
의 신성을 지닌 분이시지요.
동시에 예수님은 사람의 육체를 입고 100%의
인성을 지니신 채로 성육신(incarnation)하여
이 세상에 오신,
유일하게 죄가 없으신 단 한 사람이시지요.

하나님
사랑해요

* 나와 아버지는 하나이니라 하신대

- 요한복음 10장 30절 말씀 -

* 보라, 네가 잉태하여 아들을 낳으리니 그 이름을 예수라 하라.

- 누가복음 1장 31절 말씀 -

* 천사가 대답하여 이르되 성령이 네게 임하시고 지극히 높으신 이의 능력이 너를 덮으시리니 이러므로 나실 바 **거룩한 이**는 하나님의 아들이라 일컬어지리라.

- 누가복음 1장 35절 말씀 -

13

예수님께서는
무슨 일을 하러
이 세상에 오셨을까요?

이 세상 사람들에게
영원한 생명을 주시러 오셨어요.

* 하나님이 세상을 이처럼 사랑하사 독생자를 주셨으니 이는 그를 믿는 자마다 멸망하지 않고 영생을 얻게 하려 하심이라.

- 요한복음 3장 16절 말씀 -

* 예수께서 이르시되 내가 곧 길이요 진리요 생명이니 나로 말미암지 않고는
아버지께로 올 자가 없느니라.

- 요한복음 14장 6절 말씀 -

* 다른 이로써는 구원을 받을 수 없나니 천하 사람 중에 구원을 받을 만한 다른 이름을 우리에게 주신 일이 없음이라 하였더라.

- 사도행전 4장 12절 말씀 -

하나님
사랑해요

14

어떻게 하면
영생할까요?

하나님의 말씀을 불순종하며
예수님을 믿지 않고
내 마음대로 살던 것을 회개하므로,
하나님의 품에 안기면 천국백성이 되지요.

즉 하나님께 죄를 회개하여
예수님을 마음으로 믿고 입으로 시인하면,
하나님의 자녀가 되어 영생하지요.

아버지 하나님은 물론 예수님과 함께
아주 기쁘게, 영원히 죽지 않는 천국에서 살지요.

하나님
사랑해요

*회개하라. 천국이 가까이 왔느니라 하였으니

- 마태복음 3장 2절 말씀 -

9절: 네가 만일 네 입으로 예수를 주로 시인하며 또 하나님
께서 그를 죽은 자 가운데서 살리신 것을 네 마음에 믿
으면 구원을 받으리라.
10절: 사람이 마음으로 믿어 의에 이르고 입으로 -시인하여
구원에 이르느니라.

- 로마서 10장 9절에서 10절 말씀 -

다이루었다
Telestai

15

예수님은 어떻게
나를 구원하셨을까요?

예수님은 아버지 하나님의 말씀에 불순종한

인간의 모든 죄를 용서해 주시기 위해,

우리 죄를 대신 짊어지시고

십자가에서 돌아가신 분이지요.

예수님께서는 나를 천국 보내시려고

내 모든 죗값을 나 대신 지불하여

십자가에서 죽으신 유일하신 분이에요.

5절: 그가 찔림은 우리의 허물 때문이요, 그가 상함은 우리의 죄악 때문이라. 그가 징계를 받음으로 우리는 평화를 누리고 그가 채찍에 맞음으로 우리는 나음을 받았도다.

6절: 우리는 다 양 같아서 그릇 행하여 각기 제 길로 갔거늘 여호와께서는 우리 모두의 죄악을 그에게 담당시키셨도다.

- 이사야 53장 5절에서 6절 말씀 -

하나님
사랑해요

16

십자가에서
죽으신 예수님은
삼 일 만에
부활하셨어요!

예수님께서는 십자가에서 죽으신지 삼 일
만에 무덤에서 다시 살아나셨어요.

삼 일 만에 다시 부활하신 예수님은
예수님을 믿고 사랑하는
모든 사람들에게도 부활을 주셨지요.

그래서 예수님을 사랑하는 모든 사람들은
영원히 천국에서 살지요.

하나님
사랑해요

* 이르시기를 인자가 죄인의 손에 넘겨져 십자가에 못 박히고 제삼 일에 다시 살아나야 하리라 하셨느니라 한대

- 누가복음 24장 7절 -

25절: 예수께서 이르시되 나는 부활이요 생명이니 나를 믿는 자는 죽어도 살겠고

26절: 무릇 살아서 나를 믿는 자는 영원히 죽지 아니하리니 이것을 네가 믿느냐

- 요한복음 11장 25절에서 26절 말씀 -

17

왜 모든 인간은
죄인일까요?

최초의 인간인 아담과 하와는 부족한 것이 전혀
없는 최상의 환경인 에덴동산에서 살았어요.

그러던 어느 날 뱀(사탄)의 유혹에 빠져 자신들을
만들어주신 하나님과 똑같아지려는
교만한 마음이 생기게 되었지요.

이와 같이 만들어진 피조물이
창조주 하나님과 똑같은 자리에 앉아
하나님의 권위를 짓밟으려고
하는 것을 '죄'라고 해요.

인류의 첫 사람은 모든 인간 전체를 대표하기에
이 죄는 곧 내가 범한 죄이지요.
즉 전 인류는 근원적인 악의
가능성이 잠재되어 있어요.
유전되고 전가되는 이 죄를 '원죄'라고 부르며
해결책은 오직 예수 그리스도이지요.

하나님과 똑같아지려는 죄는 마치 자녀들이
자기를 낳고 키워주신 부모님의 자리에 앉아,
하나님께서 주신 부모님의 권위와
부모님이 피와 땀으로 쌓아놓은 모든 것을
빼앗으려는 탐욕의 죄와 같은 것이지요.

하나님
사랑해요

4절: 뱀이 여자에게 이르되 너희가 결코 죽지 아니하리라.

5절: 너희가 그것을 먹는 날에는 너희 눈이 밝아져 **하나님과 같이 되어** 선악을 알 줄 하나님이 아심이니라.

- 창세기 3장 4절에서 5절 말씀 -

18

에덴동산의 선악과를
먹지 말라고 하신
하나님의 숨겨진
뜻은 무엇일까요?

징계나 처벌 그 자체보다는
생명을 살리는 것이 목적이신 하나님께서는
인간을 기계처럼, 로봇처럼 만들지 않으셨어요.

하나님께서는 인간에게 절대적인
자유의지가 아닌,
상대적인 자유(자아)의지를 주셨지요.

하나님의 말씀을 거역하도록
유혹한 뱀(사탄)의 말에
순종하여 사탄의 지배 아래 살 것인지,

인간을 만드신 창조주 하나님의 말씀에 순종하여
건강하고 선하게, 평화롭게 살 것인지를
선택할 수 있게 하신 것이지요.
그러므로 선악과는 하나님께서 인간에게 주신
축복이자 은혜의 매개체이지요.

하나님
사랑해요

* 네 하나님 여호와를 사랑하고 그의 말씀을 청종하며 또 그
  를 의지하라. 그는 네 생명이시오, 네 장수이시니 여호와께
  서 네 조상 아브라함과 이삭과 야곱에게 주리라고 맹세하
  신 땅에 네가 거주하리라.

- 신명기 30장 20절 말씀 -

* 사무엘이 이르되 여호와께서 번제와 다른 제사를 그의 목
  소리를 청종하는 것을 좋아하심 같이 좋아하시겠나이까
  순종이 제사보다 낫고 듣는 것이 숫양의 기름보다 나으니

- 사무엘상 15장 22절 말씀 -

19

하나님께서 주신
상대적 자유의지를 통해
무엇을 알 수 있을까요?

인간은 이 상대적인 자유(자아)의지를 통해,
절대자 하나님처럼 스스로 존재하는
자가 아니라는 것을
체험할 수 있어요.

즉 하나님에 의해 피조된,
만들어진 상대적 존재라는
인간 본연의 한계성과 정체성을
아주 분명하게 알 수 있지요.

또한 하나님을 떠나면 사탄의 유혹과 지배 아래서
고통당한다는 것을 보여주고 있어요.

하나님께서 주신 자아(자유)의지는,
내 마음대로 세상에서
죄를 마구 지으며 살라고 주신
것이 절대 아니에요.

오직 하나님 안에서 자유롭게,
오직 하나님 안에서 올바르게,
오직 하나님의 영광을 위해 착하게, 선하게
사용하라고 주신 것이지요.

하나님
사랑해요

* 나는 포도나무요, 너희는 가지라. 그가 내 안에, 내가 그 안에 거하면 사람이 열매를 많이 맺나니 나를 떠나서는 너희가 아무것도 할 수 없음이라.

- 요한복음 15장 5절

20

왜 예수님만이
인간을 구원하실 수
있을까요?

이 세상 모든 사람은 원죄(과거 죄)를 지은
아담과 하와의 피가 흐르고 있어요.
그리고 인간 스스로 짓는 자범죄(현재 죄)를
범할 수밖에 없는 죄인이지요.
물론 미래적인 죄 아래 허덕일 수밖에
없는 존재이기도 하고요.

이 세상에 죄 없는 사람은 단 한 명도 없지요.
그렇다면 이렇게 죄인인 인간을
죄로부터 구원해 줄 방법은 없는 것일까요?

하나님께서는 이 문제를 해결하시기 위해
죄 없으신 하나님의 아들 예수님을,
동정녀 마리아를 통해 성령으로 잉태하게 하사

사람으로 태어나게, 성육신
(incarnation)하게 하셨지요.

왜냐면 동질성의 원리에 의해
오직 죄 없는 사람만이
죄인인 인간의 죄를 대신할 수 있기 때문이지요.
자신도 죄인이면서 다른 사람의 죄를
대신할 수는 없는 것이니까요.

그래서 죄 없으신 예수님이
사람으로 이 땅에 태어나
33년 동안 사람들 속에 함께 동거하시며,
인간의 희로애락을 직접 겪으신
후 인간의 죄를 대신하여
속죄 제물이 되어 십자가에서 죽으신 것이지요.

하나님
사랑해요

* 이 일을 생각할 때에 주의 사자가 현몽하여 이르되 다윗의
  자손 요셉아 네 아내 마리아 데려오기를 무서워하지 말라
  그에게 잉태된 자는 성령으로 된 것이라.

  - 마태복음 1장 20절 말씀 -

* **하나님이 죄를 알지도 못하신 이**(예수)를 우리를 대신하여
  죄로 삼으신 것은 우리로 하여금 그 안에서 하나님의 의가
  되게 하려 하심이라.

  - 고린도후서 5장 21절 말씀 -

21

죄는
무엇일까요?

하나님을 떠나 하나님과 분리된 채
하나님을 모르고 사는 것이 죄이지요.
하나님에 대해 무지한 것이 죄요,
하나님에 대한 지식이 없는 것이 죄입니다.

또한 하나님의 말씀(성경)에 불순종하여
내 마음대로 사는 것이 죄이지요.
미움, 시기, 질투, 불화, 싸움, 전쟁 등도 죄가 낳은
많은 부산물들 중의 한 부분이지요.

죄는 하나님과의 단절을 초래하며
하나님을 만날 수 없게 하지요.
그러므로 오늘을 살아가는 하나님의 자녀들은
날마다, 매순간마다 넘치는 하나님의 은혜를
간절히 기도해야 하지요.

* 그러므로 내 백성이 무지함(하나님에 대한 무지)으로 말미
암아 사로잡힐 것이요 그들의 귀한 자는 굶주릴 것이요, 무
리는 목마를 것이라.

- 이사야 5장 13절 말씀 -

* 내 백성이 지식(하나님을 아는 지식)이 없으므로 망하는
도다.

- 호세아 4장 6절 상반절 말씀 -

하나님
사랑해요

28절: 또한 그들이 마음에 하나님 두기를 싫어하매 하나님께서 그들을 그 상실한 마음대로 내버려 두사 합당하지 못한 일을 하게 하셨으니

29절: 곧 모든 불의, 추악, 탐욕, 악의가 가득한 자요, 시기, 살인, 분쟁, 사기, 악독이 가득한 자요, 수군수군하는 자요,

30절: 비방하는 자요, 하나님께서 미워하시는 자요, 능욕하는 자요, 교만한 자요, 자랑하는 자요, 악을 도모하는 자요, 부모를 거역하는 자요,

31절: 우매한 자요, 배약하는 자요, 무정한 자요, 무자비한 자라.

- 로마서 1장 28절에서 31절 말씀 -

22

죄의 값은
무엇일까요?

죄의 값은 사망, 죽음입니다.

모든 인간은 하나님께서 흙으로 빚으셨기에
누구나, 언젠가는
한 줌 흙으로 돌아가게 되지요.

* 죄의 삯은 사망이요, 하나님의 은사는 그리스도 예수 우리 주 안에 있는 영생이니라.

- 로마서 6장 23절 말씀 -

* 네가 흙으로 돌아갈 때까지 얼굴에 땀을 흘려야 먹을 것을 먹으리니 네가 그것에서 취함을 입었음이라 너는 흙이니 흙으로 돌아갈 것이니라 하시니라.

- 창세기 3장 19절 말씀 -

하나님
사랑해요

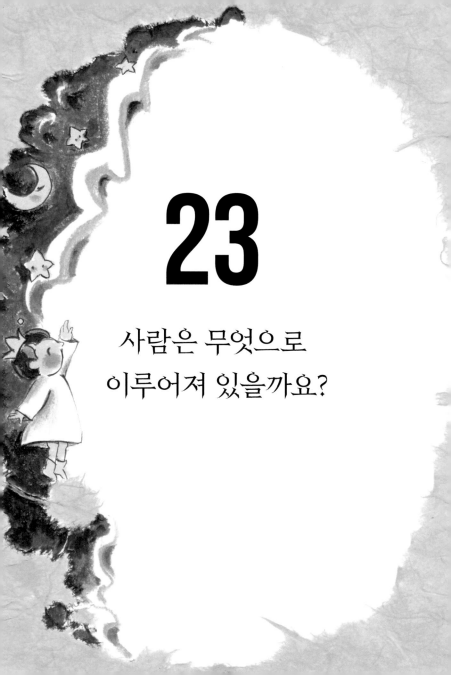

23

사람은 무엇으로
이루어져 있을까요?

하나님께서는

보이는 사람의 몸인 육체와

보이지 않는 사람의 마음인 영•혼을

만드셨어요.

하나님
사랑해요

★ 평강의 하나님이 친히 너희를 온전히 거룩하게 하시고 또
  너희의 온 영과 혼과 몸이 우리 주 예수 그리스도께서 강림
  하실 때에 흠 없게 보전되기를 원하노라.

- 데살로니가전서 5장 23절 말씀 -

24

우리의 삶의 목적은
무엇일까요?

언제, 어디서, 무엇을 하든지 하나님을 기뻐하며
하나님께 감사드리며 하나님께
영광 올려드리는 것이,
피조물인 인간에게 생명을 허락해주신
하나님의 목적이지요.

이와 같은 하나님의 목적은 곧
아버지 하나님을 사랑하는
자녀 된 우리의 삶의 목적이지요.

우리는 먹든지, 마시든지, 공부를
하든지, 슬프거나 아플 때도
내가 무엇을 잘해 상을 받든지, 그 무엇을 하든지
늘 하나님께 감사하며 항상

하나님께 찬송을 올려드리는,
엄청난 삶의 특권을 누리는
하나님 아버지의 사랑스러운 자녀이지요.

이렇게 하나님께서는 우리의 삶이 목적이 있는 삶,
목적이 이끄는 영광된 삶을 살도록
변함없이 인도해 주시지요.

이러한 명확한 삶의 목적은
내 생활을 통해 현재적 천국을 경험하며
미래의 천국을 확장시키는 삶의 원동력이 되지요.

하나님
사랑해요

* 이 백성은 내가 나를 위하여 지었나니 나를 찬송하게 하
  려 함이니라.

-이사야 43장 21절 말씀 -

* 그런즉 너희가 먹든지 마시든지 무엇을 하든지 다 하나님
  의 영광을 위하여 하라.

- 고린도전서 10장 31절 말씀 -

25

나는
왜 태어났을까요?

하나님의 영광을 위해
오직 나만이 할 수 있는 일이 있어
이 세상에 태어났어요.

그러므로 하나님께서
나에게 선물로 주신 재능이 무엇인지
발견하게 해달라고,
늘 하나님께 질문하며 기도해야 하지요.

또한 발견한 그 특별한 은사(달란트, 재능)를
반복적으로 즐겁게 연습하고 훈련하여
잘 준비하므로,

하나님의 영광을 위해 선하게 사용해야 하지요.

* 각각 은사를 받은 대로 하나님의 여러 가지 은혜를 맡은 선한 청지기 같이 서로 봉사하라.

- 베드로전서 4장 10절 말씀 -

하나님
사랑해요

26

나는
어떤 존재일까요?

하나님께서는 모든 사람들을
각각 아주 특별하고 독창적으로 만들어 주셨지요.

그래서 이 세상 인류 역사에는
나와 똑같은 사람이 단 한 명도 없어요.
그만큼 나는 아주 소중하고 귀중하며
사랑스러운 존재인 것이지요.

하나님께서는 언제나 나의 있는
존재 그대로를 사랑하시며
그 존엄과 가치를 인정해 주시지요.

하나님
사랑해요

1절: 야곱아 너를 창조하신 여호와께서 지금 말씀하시느니라. 이스라엘아 너를 지으신 이가 말씀하시느니라. 너는 두려워하지 말라. 내가 너를 구속하였고 내가 너를 지명하여 불렀나니 너는 내 것이라.

2절: 네가 물 가운데로 지날 때에 내가 함께할 것이라. 강을 건널 때에 물이 너를 침몰하지 못할 것이며 네가 불 가운데로 지날 때에 타지도 아니할 것이요, 불꽃이 너를 사르지도 못하리니.

- 이사야 43장 1절에서 2절 말씀 -

13절: 주께서 내 내장을 지으시며 나의 모태에서 나를 만드셨나이다.

14절: 내가 주께 감사하옴은 나를 지으심이 심히 기묘하심이라 주께서 하시는 일이 기이함을 내 영혼이 잘 아나이다.

- 시편 139편 13절에서 14절 말씀 -

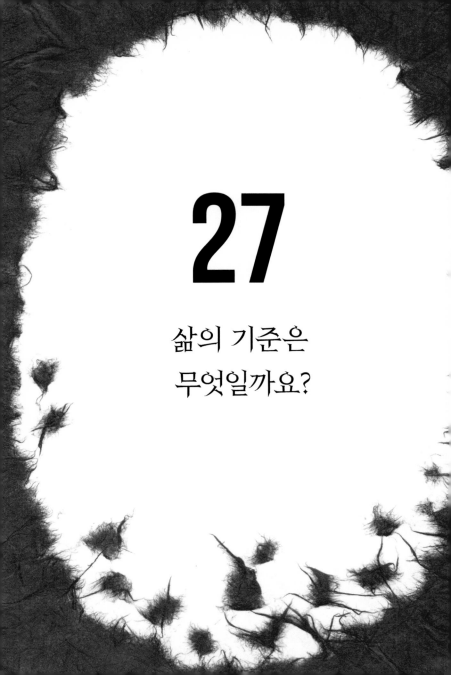

27

삶의 기준은
무엇일까요?

모든 학문과 지식, 과학, 세상 등은 변하지만
하나님의 말씀인 성경은
영원토록 변하지 않는 진리이지요.

진리이신 하나님의 말씀(성경)은
우리들의 삶의 기준이며 척도로,
우리들을 세상 풍파에 휩쓸리지 않게
꼭 붙잡아주지요.

그러므로 하나님께서 창조하신 모든
인간은 하나님의 말씀인 성경을 잘 지키며
살아야 영육간 강건하게 살 수 있어요.

* 그들을 진리로 거룩하게 하옵소서 아버지의 말씀은 진리
니이다.

- 요한복음 17장 17절 말씀 -

하나님
사랑해요

28

성경책은
무엇일까요?

하나님의 말씀을 성경책이라고 하지요.
즉 **말씀이 하나님**이신 것이지요.

구약은 장차 오실 구세주 예수 그리스도,
신약은 오신 예수 그리스도와
다시 오실 재림의 예수 그리스도에 관해
증언하는 책이지요.

Already(이미 오신 예수님),
but Not Yet(그러나 아직 오시지
않은 장차 오실 재림의 예수님)
이라고 말합니다.

하나님
사랑해요

그러므로 성경 읽을 때는 성령님의
도움을 받아야 하지요.
그리고 그 말씀을 순종하기 위해
우리의 이성, 지성, 감성, 의지를 총동원해
결단하고 실천해야 하지요.

* 너희가 성경에서 영생을 얻는 줄을 생각하고 성경을 연구하거니와 이 성경이 곧 내게 대하여 증언하는 것이니라.

- 요한복음 5장 39절 말씀 -

* 하나님의 말씀은 살아 있고 활력이 있어 좌우에 날선 어떤 검보다도 예리하여 혼과 영과 및 관절과 골수를 찔러 쪼개기까지 하며 또 마음의 생각과 뜻을 판단하나니.

- 히브리서 4장 12절 말씀 -

하나님
사랑해요

29

나는 어떻게
살아야 할까요?

나를 만드신 하나님 아버지는
이 세상 그 누구보다도 나에 관해 아주 세밀하게
잘 알고 계시지요.

내가 나 자신을 아는 것보다도,
아빠 엄마가 나를 아는 것보다도,
하나님께서는 나를 명확하게, 완벽하게
아주 잘 알고 계시지요.

그러므로 나를 창조하신 하나님의 설계도인
성경을 따라 살아야 안전하게 살 수 있지요.

하나님
사랑해요

성경은 나를 안전하게 안내하는
삶의 내비게이션(navigation)이지요.

또한 말씀 순종, 기도, 예배, 삶의 실천은
이 세상을 본받지 않고 힘차게
거슬러 올라갈 수 있는 능력과
죄에 대해 강력하게 저항할 수 있는 힘을 주지요.

15절: 또 어려서부터 성경을 알았나니 성경은 능히 너로 하여
금 그리스도 예수 안에 있는 믿음으로 말미암아 구원
에 이르는 지혜가 있게 하느니라.

16절: 모든 성경은 하나님의 감동으로 된 것으로 교훈과 책망
과 바르게 함과 의로 교육하기에 유익하니

17절: 이는 하나님의 사람으로 온전하게 하며 모든 선한 일을
행할 능력을 갖추게 하려 함이라.

- 디모데후서 3장 15절에서 17절 말씀 -

* 너희는 **이 세대를 본받지 말고** 오직 마음을 새롭게 함으로
변화를 받아 하나님의 선하시고 기뻐하시고 온전하신 뜻
이 무엇인지 분별하도록 하라.

- 로마서 12장 2절 말씀 -

하나님
사랑해요

30

하나님은
누구실까요?

온 우주 만물을 창조하시고
인간의 생사화복을 주장하시며
스스로 계신 **자존자**,
세상에서 **오직 한 분**이신 **유일신**이시지요.

반면 인간은 하나님 안에서, 나를 만드신
하나님을 의지하며 살아야 하는 의존자이지요

또한 하나님은
'영'이시기에 인간의 눈으로는 볼 수 없어요.
그러나 마음으로 느낄 수 있으며,
성경 말씀이 곧 하나님이시지요.

하나님
사랑해요

* 하나님이 모세에게 이르시되 나는 스스로 있는 자이니라
또 이르시되 너는 이스라엘 자손에게 이같이 이르기를 스
스로 있는 자가 나를 너희에게 보내셨다 하라.

- 출애굽기 3장 14절 말씀 -

31

삼위일체 하나님에 관해
알고 싶어요!

아버지 성부 하나님,

아들 성자 하나님,

거룩한 영이신 성령 하나님을

삼위일체 하나님이라고 해요.

삼위의 하나님이 모두 한 몸을 이루는 한

분이시지만, 각각 하시는 일이 다르지요.

성자 하나님 예수 그리스도는

십자가에서 대속의 피를 흘리시고

우리를 구원해 주신

은혜(카리스Charis)의 하나님,

성부 하나님은 우리의 죄를 용서해
주시기로 작정하시고 계획하신 무한하신
사랑(아가페Agape)의 하나님,

성령 하나님은 우리가 하나님과 교제
(코이노니아Koinonia)하도록
늘 선한 길로 인도해 주시는
교통(커뮤니케이션Communication)
의 하나님이시지요.

하나님의 존재 양식인 삼위일체 하나님을
인정하지 않는 것은 모두 사악한 이단이지요.

하나님
사랑해요

* 주 예수 그리스도의 은혜와 하나님의 사랑과 성령의 교통
하심이 너희 무리와 함께 있을지어다.

- 고린도후서 13장 13절 말씀 -

32

이단 경계하고
주의해야 해요!

'다를 이異', '끝 단端'을 사용하며
'끝이 다르다.'라는 뜻을 지니고 있어요.
즉 하나님의 말씀인 성경을
조금만 살짝 비틀어 끝이 다르게 가르치지요.

이렇게 이단도 하나님의 말씀인 성경을 가지고
믿는 하나님의 자녀들을 유혹하지요.

때문에 이단들과 말을 섞지 말고
아예 멀리 피하는 것이 상책이에요.

대표적인 이단들은
여호와증인, 파수대, 신천지, 하나님의 교회,
안식교, 전도관, 증거장막, 다미선교회,

이슬람교 등등 기존의 이단들도 많고
새로 생기고 있는 신흥 이단들도 수없이 많아요.

이단들의 접근 방법은
학교 동아리, 상담자격증, 성격테스트, 성경 공부,
신학교, 소개팅 등등을 빙자해 접근을 시도하니
반드시 검증된 올바른 교회 및
공동체를 택해야 하지요.

또한 교회 밖에서의 낯선 만남이나 성경 공부 등은
금해야 하지요.

하나님
사랑해요

* 누구든지 이 교훈을 가지지 않고 너희에게 나아가거든 그를 집에 들이지도 말고 인사도 하지 말라.

- 요한이서 1장 10절 말씀 -

33

죄의 유혹이 올 때
어떻게 해야 하나요?

하나님의 말씀과 기도, 성령님의 도우심으로
죄를 물리칠 수 있어요.
하나님의 율법을 꼭 지키고
죄짓는 장소, 유혹의 분위기, 죄를 도모하는
친구들 등을 아주 멀리하세요.
죄를 강력하게 거절하세요.

하나님을 제일 첫 번째로 사랑하며
하나님의 말씀을 많이 읽고 암송하므로,
나는 죄를 물리칠 수 있는 아주
강한 사람이 되지요.
삼위일체 하나님께서는 늘 말씀으로
나를 선한 길로 인도하시지요.

3절: 이스라엘아 **듣고** 삼가 그것을 **행하라** 그리하면 네가 복
    을 받고 네 조상들의 하나님 여호와께서 네게 허락하심
    같이 젖과 꿀이 흐르는 땅에서 네가 크게 번성하리라

4절: 이스라엘아 들으라 우리 하나님 여호와는 오직 유일한
    여호와이시니

5절: 너는 마음을 다하고 뜻을 다하고 힘을 다하여 네 하나님
    여호와를 사랑하라

6절: 오늘 내가 네게 명하는 이 말씀을 너는 마음에 새기고

7절: **네 자녀에게 부지런히 가르치며** 집에 앉았을 때에든지
    일어날 때에든지 이 말씀을 강론할 것이며

8절: 너는 또 그것을 네 손목에 매어 기호를 삼으며 네 미간
    에 붙여 표로 삼고

9절: 또 네 집 문설주와 바깥 문에 기록할지니라

- 신명기 6장 3절에서 9절 말씀 -

하나님
사랑해요

34

부모님을 공경하세요.
자녀들을 마귀의 자녀로
만들면 큰일 나요!

하나님 다음으로 부모님을
사랑하고 공경해야 하지요.
하나님을 못 믿게 방해하는 것 외엔
부모님께 순종해야 하지요.

그리고 예수님을 안 믿는 부모님의 구원을 위해
늘 기도하며, 더 착하게 행동해야 하지요.

또한 부모님들은 자녀들을 학대, 비난,
비교, 무시, 노엽게 하므로 자녀를
낙담시켜 마귀의 자녀로 넘겨주지 마세요.
하나님께서는 그 자녀의 피의 생명 값을
부모님에게서 찾으십니다.

하나님
사랑해요

자녀들은 하나님의 것이며 매우 소중한 생명으로,

하나님께서 부모님들에게 잠시

맡겨주신 선물입니다.

결코 부모님들의 소유물이 아니지요.

1절: 자녀들아 주 안에서 너희 부모에게 순종하라. 이것이 옳
    으니라.

2절: 네 아버지와 어머니를 공경하라. 이것은 약속이 있는 첫
    계명이니

3절: 이로써 네가 잘되고 땅에서 장수하리라.

4절: 또 아비들아 너희 자녀를 노엽게 하지 말고 오직 주의 교
    훈과 훈계로 양육하라.

- 에베소서 6장 1절에서 4절 말씀 -

하나님
사랑해요

35

회개와
용서

회개란 잘못한 행실에서 돌이켜
올바른 행동으로 전환하는 것을 말하지요.

무슨 일이든지 잘못한 일이 있으면
그 자리에서 즉시 하나님과 상대방에게
잘못했다고 말하고,
자신의 행동을 곧 수정하는 것이지요.

또한 누가 나에게 잘못했다고 사과하면
곧바로 용서해 주는 것이, 하나님을 사랑하는
천국 백성들이 마땅히 해야 할 일이지요.

이미 나 자신도 하나님께 용서받은 큰 죄인으로,
하나님의 크신 사랑에 빚진 자이니까요.

하나님
사랑해요

* 만일 우리가 우리 죄를 자백하면 그는 미쁘시고 의로우사 우리 죄를 사하시며 우리를 모든 불의에서 깨끗하게 하실 것이요.

- 요한일서 1장 9절 말씀 -

* 만일 하루에 일곱 번이라도 네게 죄를 짓고 일곱 번 네게 돌아와 내가 회개하노라 하거든 너는 용서하라 하시더라.

- 누가복음 17장 4절 말씀 -

36

올바른 사회생활은
어떻게 해야 할까요?

누가 나에게 보증을 서달라거나 돈을 빌려달라고
할 때는 거절해야 하지요.
친한 사람도 잃고, 돈도 잃게 되거든요.

이때에는 자신의 형편에 맞는 수준에서
소액이라도 그냥 주든지, 부드러운 말로
자신의 상황을 설명하며 거절하라고
하나님께서 성경 말씀으로 기록해 두셨지요.

우리는 하나님의 말씀에 순종하므로 건전하고
올바른 사회생활을 유지할 수 있어요.

26절: 너는 사람과 더불어 손을 잡지 말며 남의 빚에 보증
　　　을 서지 말라
27절: 만일 갚을 것이 네게 없으면 네 누운 침상도 빼앗길 것
　　　이라 네가 어찌 그리하겠느냐.

- 잠언 22장 26절에서 27절 말씀 -

* 피차 사랑의 빚 외에는 아무에게든지 아무 빚도 지지 말라
　남을 사랑하는 자는 율법을 다 이루었느니라

- 로마서 13장 8절 말씀 -

하나님
사랑해요

37

이웃과의 인간관계는
어떻게 해야 할까요?

아무리 친하고 가까운 사람이라도
절제와 예절이 필요하지요.

아무 때나 친구 집에 가거나
남의 집에 오래 머물면
상대방에게 불편, 폐를 끼치게 되지요.

만남이 필요하다면 집을 피해 사람들이
많은 밝고 환하고 넓은 장소, 교회 등
공식적인 곳에서 만나는 것이 바람직하지요.

친하다고 무례하게 대하거나 민폐를 끼치면
하나님의 영광을 가리게 되지요.

하나님
사랑해요

* 너는 이웃집에 자주 다니지 말라 그가 너를 싫어하며 미워
할까 두려우니라.

- 잠언 25장 17절 말씀 -

38

옷은 어떻게 입어야
하나님께
영광 돌릴 수 있을까요?

육체는 하나님께서 거주하시는 아주 소중하고,
성결하며 거룩한 하나님의 성전이지요.
이렇게 귀중한 것을 함부로
뭇사람들에게 **내보이면**
도둑이 틈타 훔쳐 가게 되지요.

그러므로 짙은 화장이나 가슴이 깊게 팬 옷,
짧은 반바지나 스커트 등 노출이
심한 옷은 피하는 것이
올바른 하나님의 자녀로서의
바람직한 행실이지요.

하나님께서 주신 천연의 얼굴, 나의 몸을
충분히, 넉넉하게, 비밀스럽게, 아주 고귀하게
숨겨주는 순수한 옷차림이 하나님의
자녀로서의 품위를 높여주지요.

하나님
사랑해요

18절: 음행을 피하라 사람이 범하는 죄마다 몸 밖에 있거니와 음행하는 자는 자기 몸에 죄를 범하느니라.

19절: 너희 몸은 너희가 하나님께로부터 받은바 너희 가운데 계신 성령의 전인 줄을 알지 못하느냐 너희는 너희 자신의 것이 아니라

20절: 값으로 산 것이 되었으니 그런즉 너희 몸으로 하나님께 영광을 돌리라.

- 고린도전서 6장 18절에서 20절 말씀 -

39

어떤 생활습관이
하나님께 기쁨을
드릴 수 있을까요?

하나님 자녀로서의 바람직한 생활습관은
훈련을 통해 습득되지요.
검소, 근면, 절약하는 생활습관을 훈련하므로
나보다 약한 상황에 있는 사람들을 위해
시간도, 물질도 나눠줄 수 있는
기쁨을 누릴 수 있어요.

돈 많다고 떠벌리고 다니거나 비싸고
호화로운 물건들에 현혹되어 사치하면
하나님께서 많이 슬퍼하시지요.
사치품들은 도둑이 틈타고 녹슬어
패망의 길을 걷게 해요.

공기, 햇빛, 물, 음식, 자연뿐만 아니라
재물도, 시간도, 생명도 우리의 모든
것은 다 하나님의 것이지요.
하나님께서 오직 하나님의 영광을
위해 선하게 사용하라고,
이 땅에서 살 동안 잠시 우리에게
맡겨주신 것이에요.

하나님의 자녀들은 맡은바 청지기의 사명을
잘 감당하여 하나님께서 맡겨주신 물질을,
하나님의 이름으로 아주 선하게 사용해야 하지요.

하나님
사랑해요

19절: 너희를 위하여 보물을 땅에 쌓아 두지 말라 거기는 좀
　　　과 동록이 해하며 도둑이 구멍을 뚫고 도둑질하느니라.
20절: 오직 너희를 위하여 보물을 하늘에 쌓아두라 거기는
　　　좀이나 동록이 해하지 못하며 도둑이 구멍을 뚫지도
　　　못하고 도둑질도 못 하느니라.
21절: 네 보물이 있는 그곳에는 네 마음도 있느니라.

- 마태복음 6장 19절에서 21절 말씀 -

24절: 흩어 구제하여 더욱 부하게 되는 일이 있나니 과도히
　　　아껴도 가난하게 될 뿐이니라.
25절: 구제를 좋아하는 자는 풍족하여질 것이요, 남을 윤택
　　　하게 하는 자는 자기도 윤택하여지리라.

- 잠언 11장 24절에서 25절 말씀 -

40

하나님께 십일조와
감사예물을 드리지요

재물이나 사람을 믿거나 의지하지
마세요. 오직 하나님을 믿고 의지하세요.
돈이나 사람을 의지하는 사람은
하나님께 물질 드리는 걸 아까워하지요.

모든 것이 하나님의 것인데 그중 십 분의 구를
내가 쓰도록 허락해 주시고, 오직 십 분의 일만을
주인이신 하나님을 위해 쓰라고
하시니 얼마나 감사해요!

십일조뿐만 아니라 스스로 자원하여 기쁨으로
감사예물도 드리지요. 아버지 하나님께서는
끊임없이 나를 사랑으로 보호하사 끝까지 천국
문에 들어가게 하시니, 그 은혜와 감격은
이 생명을 다 드려도 갚을 수 없지요.

하나님
사랑해요

* 자기의 재물을 의지하는 자는 패망하려니와 의인은 푸른 잎사귀 같아서 번성하리라.

- 잠언 11장 28절 말씀 -

* 너희는 인생을 의지하지 말라 그의 호흡은 코에 있나니 셈 할 가치가 어디 있느냐.

- 이사야 2장 22절 말씀 -

* 각각 그 마음에 정한 대로 할 것이요, 인색함으로나 억지로 하지 말지니 하나님은 즐겨 내는 자를 사랑하시느니라.

- 고린도후서 9장 7절 말씀 -

* 이르시되 그런즉 가이사의 것은 가이사에게, 하나님의 것은 하나님께 바치라 하시니

- 누가복음 20장 25절 말씀 -

* 돈을 사랑함이 일만 악의 뿌리가 되나니 이것을 탐내는 자들은 미혹을 받아 믿음에서 떠나 많은 근심으로써 자기를 찔렀도다.

- 디모데전서 6장 10절 말씀 -

* 만군의 여호와가 이르노라 너희의 온전한 십일조를 창고에 들여 나의 집에 양식이 있게 하고 그것으로 나를 시험하여 내가 하늘 문을 열고 너희에게 복을 쌓을 곳이 없도록 붓지 아니하나 보라.

- 말라기 3장 10절 말씀 -

하나님
사랑해요

41

인간의 외로움은
해결할 수 없는 걸까요?

하나님께서는 인간을 창조하실
때 가슴 한가운데를
펑 뚫어놓으셨어요.
그 공허감과 외로움은
부, 명예, 권력, 사랑하는 사람이 늘
함께 있어도 채워지지 않지요.
오직 영원하신 하나님으로만 채워질 수 있어요.
하나님이 함께하시면 혼돈, 공허,
흑암의 깊음일지라도
환한 빛이 비치게 되지요.

하나님
사랑해요

즉 늘 말씀과 기도로 하나님과
교제하면 이 고독감과 공허감은
혼자 있을 때라도 결코 찾아오지 못하지요.
외로움이나 두려움이 찾아올 때
하나님의 말씀으로 가득 채우며
기도로 하나님께 아뢰면,
마음에 빛이 가득 차올라 아주 쉽게 해결되지요.

그 때문에 인간은 혼자 있는 시간이 필요하며
혼자 있을 때 더욱 주님과 친밀하게
교제할 수 있어요.
그리고 때로는 자신감 있는 선포
기도도 필요하지요.

* 하나님이 모든 것을 지으시되 때를 따라 아름답게 하셨고
   또 사람들에게는 영원(하나님)을 사모하는 마음을 주셨느
   니라. 그러나 하나님이 하시는 일의 시종을 사람으로 측량
   할 수 없게 하셨도다.

- 전도서 3장 11절 말씀 -

2절: 땅이 혼돈하고 공허하며 흑암이 깊음 위에 있고 하나님
     의 영은 수면 위에 운행하시니라.
3절: 하나님이 이르시되 빛이 있으라 하시니 빛이 있었고

- 창세기 1장 2절에서 3절 말씀 -

하나님
사랑해요

42

공허감, 외로움,
두려움이 찾아올 때
선포기도 하세요!

* 선포기도

나사렛 예수 그리스도의 이름으로 명하노니
공허감과 외로움, 두려움은
지금 즉시 내 마음속에서 떠나갈지어다!
나는 하나님께서 사랑하는 하나님의 자녀이니
다시는 내 마음속에 들어오지 말지어다!

하며 큰소리로 외치세요.

하나님
사랑해요

그리고 항상 하나님의 말씀으로
마음을 가득 채우고
기도로 삼위일체 하나님과 만나세요,
멋지고 즐거운 일이 일어난답니다!

* 기도

하나님 아버지! 늘 마음에
성령님이 충만하게 하사
공허감이나 두려움이
찾아오지 않도록 도와주세요.
믿고 감사드리며
예수님 이름으로 기도드립니다. 아멘.

하나님
사랑해요

43

하나님의 자녀들은
술을
어떻게 해야 할까요?

하나님께서는 술 취하는 것보다 성령에 취한 자
즉, 성령 충만한 자가 복 있는
사람이라고 말씀하세요.
술은 인간의 영•육을 무방비와
통제 불능의 상태로 만들어
방종, 성적 음란, 재앙, 불행,
분쟁, 범죄, 망령된 것 등
온갖 악행의 근원이 되고 있어요.

또한 음주는 습관이 되기에
다른 사람에게 술을 권하는
자에게도 화가 임하지요.

하나님
사랑해요

인간은 본래가 부패한 본성을 지녔기에
술 먹지 않은 상태에서도
유혹에 넘어가기 쉽고, 자기 뜻대로
하지 못 하는 일이 비일비재해요.
이런 죄악된 본성에 술까지 마시면
심각한 부정적 결과가 산출되지요.
그 때문에 **올바르게 훈련된**
금주습관이 아주 중요하죠.

하나님께서 주신 알코올의 용도는
치료를 위한 것이지요.
성경 시대와는 달리 현대의학은
하나님의 은혜와 긍휼로
많은 의료제를 진취적으로 발전시켰기에,
우리는 의료의 도움을 받아 그
의료제를 사용하면 되지요.

하나님
사랑해요

* 술 취하지 말라. 이는 방탕한 것이니 오직 성령으로 충만함을 받으라.

- 에베소서 5장 18절-

31절: 포도주는 붉고 잔에서 번쩍이며 순하게 내려가나니 너는 그것을 바라보지도 말지어다.

32절: 그것이 마침내 뱀같이 물 것이요 독사같이 쏠 것이며

33절: 또 네 눈에는 괴이한 것이 보일 것이요, 네 마음은 구부러진 말을 할 것이며

34절: 너는 바다 가운데에 누운 자 같을 것이며 돛대 위에 누운 자 같을 것이며

- 잠언 23장 31절에서 34절 말씀 -

* 이웃에게 술을 마시게 하되 자기의 분노를 더하여 그에게
  취하게 하고 그 하체를 드러내려 하는 자에게 화 있을 진저

- 하박국 2장 15절 말씀 -

* 이제부터는 물만 마시지 말고 네 위장과 자주 나는 병을 위
  하여는 포도주를 조금씩 쓰라.

- 디모데전서 5장 23절 말씀 -

하나님
사랑해요

44

제사, 어떻게 하면
하나님께
칭찬 받을까요?

하나님께서는 우상숭배를 금하셨어요.
죽은 사람께 절하는 것은 우상께
절하는 것이지요.

그러므로 살아계실 때 부모님께 효도해야 하지요.
부모님께서 우리의 본향인 하나님의 집,
천국으로 돌아가신 후에는 제사
대신 예배를 드려요.

이때에는 부모님을 생각하며 부모님의 뜻을
기리고 실천하는 예배를 드리지요.

하나님
사랑해요

그리고 예배 후에는 형제자매끼리 사랑과 우애의 시간을 공유하며, 부모님의 신앙을 후손에게까지 승계시키는 역할을 잘 감당해야 하지요.

3절: 너는 나 외에는 다른 신들을 네게 두지 말라.

4절: 너를 위하여 새긴 우상을 만들지 말며 또 위로 하늘에 있는 것이나 아래로 땅에 있는 것이나 땅 아래 물속에 있는 것의 어떤 형상도 만들지 말며

5절: 그것들에게 절하지 말며 그것들을 섬기지 말라 나 네 하나님 여호와는 질투하는 하나님인즉 나를 미워하는 자의 죄를 갚되 아버지로부터 아들에게로 삼사 대까지 이르게 하거니와

6절: 나를 사랑하고 내 계명을 지키는 자에게는 천 대까지 은혜를 베푸느니라.

- 출애굽기 20장 3절에서 6절 말씀 -

하나님
사랑해요

45

무엇이
우상일까요?

하나님께서는 인간이 손으로 만들어 새긴
우상에게 절하거나 숭배하는 것을 금하셨어요.

또한 하나님보다 더 사랑하는
모든 것이 우상이지요.
물질, 명예, 남편, 아내, 자식, 지식, 직업
등을 하나님보다 더 사랑하는 것은
모두 우상이지요.

그러므로 우리는 하나님을 최고로
사랑하며 하나님의 사랑 안에서 자식,
남편, 아내, 직업 등을 사랑해야 하지요.

하나님
사랑해요

* 한 사람이 두 주인을 섬기지 못할 것이니 혹 이를 미워하고
  저를 사랑하거나 혹 이를 중히 여기고 저를 경히 여김이라
  너희가 하나님과 재물을 겸하여 섬기지 못하느니라.

- 마태복음 6장 24절 말씀 -

* 그러므로 땅에 있는 지체를 죽이라. 곧 음란과 부정과 사욕
  과 악한 정욕과 탐심이니 탐심은 우상 숭배니라.

- 골로새서 3장 5절 말씀 -

46

주일성수는
반드시
지켜야 할까요?

물론이에요! 주일은 하나님의 날이에요.
6일 동안 하던 모든 일을 멈추고 하나님께
감사와 기쁨으로 예배드리는 날이지요.

주일성수는 하나님을 사랑하는 자녀들의
마땅한 도리이며, 공동체 예배를 통해 거룩한
삶의 에너지를 충전시킬 수 있어요.
죄를 물리칠 수 있는 힘도
예배를 통해 배가 되지요.

구약시대는 하나님의 창조일을
기념하여 안식일을 지켰고,
신약시대인 오늘날은 예수님께서 부활하신
날을 기념하여 주일성수를 하고 있어요.

8절: 안식일을 기억하여 거룩하게 지키라.

9절: 엿새 동안은 힘써 네 모든 일을 행할 것이나

10절: 일곱째 날은 네 하나님 여호와의 안식일인즉 너나 네 아들이나

네 딸이나 네 남종이나 네 여종이나 네 가축이나

네 문안에 머무는 객이라도 아무 일도 하지 말라.

11절: 이는 엿새 동안에 나 여호와가 하늘과 땅과 바다와 그 가운데 모든 것을 만들고 일곱째 날에 쉬었음이라 그 러므로 나 여호와가 안식일을 복되게 하여 그날을 거 룩하게 하였느니라.

- 출애굽기 20장 8절에서 11절 말씀 -

하나님
사랑해요

* 예수께서 이르시되 어찌하여 선한 일을 내게 묻느냐 선한 이는 오직 한 분이시니 네가 생명에 들어가려면 계명들을 지키라

- 마태복음 19장 17절 말씀 -

42절: 이날은 준비일 곧 안식일 전날이므로 저물었을 때에

43절: 아리마대 사람 요셉이 와서 당돌히 빌라도에게 들어가 예수의 시체를 달라 하니 이 사람은 존경받는 공회원이요 하나님의 나라를 기다리는 자라.

- 마가복음 15장 42절에서 43절 말씀 -

1절: 안식일이 다 지나고 안식 후 첫날이 되려는 새벽에 막달
　　라 마리아와 다른 마리아가 무덤을 보려고 갔더니
6절: 그가 여기 계시지 않고 그가 말씀하시던 대로 살아나
　　셨느니라 와서 그가 누우셨던 곳을 보라.

- 마태복음 28장 1, 6절 말씀 -

하나님
사랑해요

47

하나님께
감사일기를 쓰면
어떻게 될까요?

삶을 살아가는 일상을 감사로 써 내려가니
성령님이 탄식하거나 소멸되지 않아요.
늘 성령님이 함께 하시니 기쁨, 슬픔,
고난이 와도 나를 구원해 주신 불변하신
하나님 사랑에 감사가 넘치게 되지요.
상황에 따라 변하는 감사가 아니라,
하나님께서 내 아버지가 되신다는
그 자체가 감사가 되지요.

영원하신 하나님의 사랑에 성공의 수단이 아닌
진정한 사랑으로 반응하게 되지요.
이러한 감사의 신비는 인간을 창조하신
하나님의 마음을 닮아가게 하죠.
그러므로 예수님이 재림하실

하나님
사랑해요

때까지 계승시켜야 할
믿음의 유산을 위해 끝없는 감사로 가득 채워,
가정예배 시 함께 나누므로
영육의 힘을 튼튼하게 해야 하지요.

또한 어머니의 태중에서부터
하나님의 얼굴을 구하며,
아직 눈에 보이지 않는 까마득한 우리 미래의
믿음의 후손들을 위해 미리미리
감사기도의 저축도 지속적으로
쌓아두어야 하지요.

16절: 항상 기뻐하라.

17절: 쉬지 말고 기도하라.

18절: 범사에 감사하라. 이것이 그리스도 예수 안에서 너희
　　　를 향하신 하나님의 뜻이니라.

19절: 성령을 소멸하지 말며

- 데살로니가전서 5장 16절에서 19절 말씀 -

하나님
사랑해요

48

성령 충만은
무엇일까요?

하나님의 영이 차고 넘치는 것을
'성령 충만'이라고 해요.
성령 충만한 사람은 먼저 하나님을 증거하는 사람,
증인이 되어야 하지요.

삼위일체 하나님의 증인 되려면
어떻게 해야 할까요?
네, 당연히 믿지 않는 사람들에게 세상 사람과는
다른 모습을 보여줘야 하지요.

그래야 '내가 너를 보니 예수님을
믿고 싶다'라는 말을
들을 수 있거든요.

하나님
사랑해요

이처럼 하나님의 증인이 되기 위해선 먼저 사람의
변화, 인격이 변화된 삶이 수반되어야 하지요.

즉 성령 충만하게 되면 성경
말씀이 곧 삶이 되지요.
내게 잘못한 사람도 용서하게 되고
진심으로 사랑에 찬 기도도 하게 되지요.

이렇게 성령님의 역할은 우리의 삶을
조정, 통제, 적용하시며 우리를 끊임없이
견인하시어 성화의 과정을 통해,
끝까지 천국 문에 들어가게 하시지요.

성령이 충만한 사람은 사도행전 1장 8절 말씀에
따른 삶을 살아가는 복을 누리게 되지요.

하나님
사랑해요

* 오직 성령이 너희에게 임하시면 너희가 권능을 받고 예루
살렘과 온 유대와 사마리아와 땅끝까지 이르러 내 증인이
되리라 하시니라

- 사도행전 1장 8절 말씀 -

49

하나님께서 주신
입술을
어떻게 사용해야 할까요?

하나님께서 주신 입술은
선하고 아름답게 하나님의 영광을 위해
사용하라고 주신 것이지요.

험담, 악한 거짓말, 비방 등을 삼가고
칭찬, 배려, 감사, 사랑의 말로 덕을 세우며
생명을 살리는 데 사용해야 하지요.

그러므로 말을 할 때는 상대방의 입장을
고려한 후 조심스레 해야 하지요.

또한 **궁금한 것은 무엇이든지** 하나님께 **질문**하며,
늘 하나님께 나의 입술을 주장하사
지혜로운 말을 하게 해달라고
간절히 기도해야 하지요.

하나님
사랑해요

* 여호와여 내 입에 파수꾼을 세우시고 내 입술의 문을 지
  키소서.

- 시편 141편 3절 말씀 -

* 혀는 곧 불이요 불의의 세계라 혀는 우리 지체 중에서 온몸
  을 더럽히고 삶의 수레바퀴를 불사르나니 그 사르는 것이
  지옥 불에서 나느니라.

- 야고보서 3장 6절 말씀 -

50

하나님
사랑해요!

이 책에 기록된 모든 것은 '하나님 사랑해요!'라고
고백하는 모든 천국 자녀들이
기쁨으로 지켜나가야 할
거룩한 삶의 양식이며,
예수 그리스도의 마지막 유언인
최후의 지상 대위임령(the Last Greatest
Commission) 마태복음 28장 19절에서
20절 말씀으로 종결되지요.

하나님을 사랑하는 자들은 이 땅을
현재적 천국으로 만들며, 미래적
천국의 확장과 완성을 위한
위대한 선교의 사명자들이지요.

예수님께서 다시 재림하시는 이 세상 끝 날까지
늘 성령 하나님께서 동행해 주시니 두렵지 않아요.
기쁨과 소망과 사랑이 넘쳐요.

하나님을 사랑하는 자들은 이 세상에 보내주신
하나님의 영광을 위한 각자의
사명을 완수하게 되면,
우리의 본향인 하나님의 나라
천국에 들어가게 되지요.
그날엔 사랑하는 가족 모두 아픔, 근심, 걱정 없는
천국에서 기쁨으로 다시 만나게 되지요.

하나님
사랑해요

그날을 위해 늘 기도와 말씀으로 세상의
죄악을 이겨 승리하는 우리 모두가 되길,
예수님 이름으로 간절히 기도합니다. 아멘.

19절: 그러므로 너희는 가서 모든 민족을 제자로 삼아 아버
　　　지와 아들과 성령의 이름으로 세례를 베풀고
20절: 내가 너희에게 분부한 모든 것을 가르쳐 지키게 하라.
　　　볼지어다, 내가 세상 끝날까지 너희와 항상 함께 있으
　　　리라 하시니라.

- 마태복음 28장 19절에서 20절 말씀 -

하나님
사랑해요

한여름의 뜨거운 햇살과 땀을 즐길 수 있는 것은 무엇 때문일까?

사람마다 각기 다른 대답을 할 수 있는 여백이 많은 질문이다. 하지만 궁극적으로는 가을의 풍성한 결실을 향한 놀라운 정점이 기다리고 있기 때문이 아닐까…….

한 권의 책이 완성되기까지 오랜 시간과 보이지 않는 많은 손길들의 수고와 정성, 협력과 사랑의 마음이 어우러져야 했다.

이러한 일련의 과정을 통해 하나님의 오묘하신 섭리와 우리를 연단시켜 강하게 다듬어 가시는 원리를 깨달을 수 있었다.

하나님께서는 우리에게 태양의 위력을 보여주시며 그것을 만드신 창조주를 더듬어 찾을 수 있게 하신다. 그리고 작열하는 지구의 어느 한 모퉁이에서 우리 각자의 삶을 인내할 수 있도록 조성하시며 인도하신다. 때로는 물 한 모금 마실 수조차 없을 것만 같은 사막 속을 걷게 하시고, 거친 광야에 홀로 나동그라진 것 같은 공허감에 존재가치를 찾을 수 없을 것만 같아 몸부림치게도 하신다.

그러나 그 허망하고 황량한 절규를 통해 인내를 배우게 하시고, 그 인내를 통해 삶을 알아가게 하시며 마침내는 나를 창조하신 분이 있다는 결론에까지 이르게 하신다.

삶의 갈증을 느낀 자라야만 생수의 귀중함을 알 수 있듯이, 나를 이 세상에 태어나게 하시고 땅과 하늘, 구름과 비, 계절과 연륜 속에서 깊어가고 무르

하나님
사랑해요

익어가는 생명의 근원자를 만날 수 있다는 것은 그 무엇과도 바꿀 수 없는 삶의 최대, 최고의 복이다.

하나님을 나의 아버지라 부를 수 있고 예수님을 나의 구세주로 고백할 수 있는 자는, 그 어떤 상황과 환경 속에서도 이미 가장 아름다운 최고의 절정에 이르는 삶을 살아내고 있는 것이다.

이러한 삶의 가장 빛나는 결정체인 예수 그리스도는 유명해져야만, 출신성분이 좋아야만, 위대한 업적을 남긴 자라야만 누릴 수 있는 것은 아니다. 명예, 부, 직업의 귀천, 남녀노소, 외모 등 세상의 요란한 스펙spec의 요구는 오직 거추장스러울 뿐이다.

하나님께서 허락하신 지금, 현재의 위치에서 즐거워하며 최선을 다하여 하나님의 말씀을 실천하는 삶이야말로 하나님께서 감탄사를 연발하시는 놀라운 토브טוב(히브리어: 좋았더라), 기적의 삶인 것이다.

다시 오실 마라나타Maranatha(원래 아람어, 헬라어로 표기: 우리 주여 오시옵소서)의 주님을 기다리며,

이 작은 책을 통해 가치관이 혼란한 현대를 살아가는 어린이들은 물론 부모님, 선생님들에게도 마음의 문을 두드리시는 예수님의 음성이 들리길 소망한다.

하나님을 향한 말씀의 기초가 튼튼하게 세워지고 어떠한 난관에도 무너지지 않는 믿음의 소유자가 되길 원한다.

영원히 목마르지 않는 생수를 공급해 주시는 생명의 주인이신 하나님을 만나고, 하나님을 볼 수

하나님
사랑해요

있는 영안이 활짝 열리길 간절히 기도한다.

  아직 예수님을 만나지 못한 모든 분들에게도 삶의 기쁨을 맛볼 수 있는 작은 디딤돌이 되길 간구한다.

  더불어 왜 내가 이 세상에 태어났는지, 어디를 향해 가고 있으며 어떻게 살아야 하는지, 생명의 주인과 그 마지막은 무엇인지에 대한 철학적 사고의 범주를 뛰어넘는 영혼의 울림과 가치관의 정립이 확고해지기를 바란다.

  이 작은 결정체인 한 권의 책이 수많은 영혼을 예수 그리스도의 품으로 안기게 하는, 놀라운 기적을 끊임없이 연출하리라 믿는다.

모든 영광을 나를 만드신 나의 아버지 하나님께 올려드린다.

2019년 7월 18일 목요일
어둠이 한 겹씩 벗겨지는 한강을 내려다보며,
서재 불빛 아래 출판의 갈무리를 하는
곽영애 목사

하나님
사랑해요